詩學院V

末日新世紀

丁威仁著

文史哲出版社印行

國家圖書館出改版品預行編目資料

末日新世紀 / 丁威仁著. -- 初版. -- 臺北市：
文史哲, 民 87
面： 公分. -- (詩學院 ; 5)
ISBN 957-549-135-1(平裝)

851.486 87002906

詩學院 V

末日新世紀

著者：丁威仁
出版者：文史哲出版社
登記證字號：行政院新聞局版臺業字五三三七號
發行人：彭正雄
發行所：文史哲出版社
印刷者：文史哲出版社
臺北市羅斯福路一段七十二巷四號
郵政劃撥帳號：一六一八〇一七五
電話 886-2-23511028 · 傳眞 886-2-23965656
實價新臺幣 二二〇元
中華民國八十七年五月初版

ISBN 957-549-135-1

末日新世紀　目錄

輯二：新生活時代 61

輯三：愛情夢囈　93

輯四：曾經失落的星子

翻閱之時，你已然變成了一只橡皮

陳柏伶

在你翻閱這本詩集的同時，無法逃避地，你已然變成了一只橡皮。你將持續閱讀，不停擦拭、擦拭關於生命的不堪，情感的不安，靈魂的不定。

我必須坦誠：我是一個不善於分析的人，而其實「分析」並不適用於這本詩集，把意義化約，把情境簡略，終究成為一堆散亂的橡皮瑣屑，一無所得，試著，試著，拼湊屬於你記憶的圖像，設定關於你情感的密碼，閱讀並自贖，是唯一的享受。

在〈末日新世紀〉的卷一裡，作者用「鼠」來承擔末日的降臨，新世紀的開創。「寄生的鼠群同時搖曳著循環失調的尾巴／堅硬地佈滿鼠的身軀努力生長，竄延／我是一隻畸形的鼠」為什麼是「鼠」呢？我想，「鼠」容易逃亡，拒絕建設，牠們只管繁衍，生活著不須記憶的日子，要知道：毀滅的生命型態中不能介入意義，還有愛！他說：

腐朽的綠意底下是枯骨的氣味
記憶決不敢立足
在此
欲望、虛無、靈魂列隊以黑暗浸漬
逐漸混沌的邊界

一切模糊不清，誰能窺探未知的全貌，以現實的千萬分之一，如何如何？然而，又有誰在乎？在這場灰色的迷霧中，最好的方式是痲痺，忘掉思考，忘掉呼吸，讓自己自在地死去……縱然「死亡的坡度太陡」，自然地遊戲式地，將喪失當成一種娛樂，浪蕩的態度也何嘗不可！

在〈首都·末日前〉中槍聲四起，高分貝噪音倉皇掩飾全面性毀滅的恐懼，在尖叫聲哭喊聲中達到黑色的高潮！誕生的淚光閃爍血紅的憤怒，無法阻止的逼人進入的世界重生，其間的衝突是血肉之軀所能負荷得了嗎？我問，不想了解所謂解答的其他。因為答案在轉動的眼球中才有生命和力量呼吸，發散獨特，差異極大的氣味。關於卷二，在網路通道內，我認為所有的問題的解讀方式均為：管他的！不必忌諱，毋庸考慮，人造的天堂中將一切褻瀆為自由及平等，我們習慣在狂笑中哭訴，無論車禍，還是當機！在末日後，「軌道上的自由」導致的是：

塞車
漠視法律的第一要件
是形成落體
之後、便可以取得飆車的
合法執照

在新世紀裡，鼓勵本質的墜落，一如自由落體般，全然依照原始欲望的路線，重覆墜毀，本質導致毀滅嗎？不是充要條件，卻是充分條件，至少在這個世代如此。「PASS WORD：謊言變形的結果才是真理」如何檢測真偽，檢測變形前後，端看你毀滅的天份高低！

作者告訴我們：「我是一隻喜歡咬嚙時間的獸」。有人有能力，嗜好破壞具有永恆性質的物理現象，會發生化學變化的物理，兩極的揉合，躺成一種突兀卻驚心的美，任憑時間逝水沖蝕……〈末日新世紀〉的卷三中，承續卷二「咬嚙時間」的破壞工作，在「新政權誕生後」，建立一種全新的計時制度，有25:01AM及25:25PM，度量衡更新，但悲劇產生的頻率依然如舊！我們由柔弱的美人魚轉變成具抗體且互食的食人魚，一座如新的廢墟。

另外，我想談一談作者未收入集中的〈分屍案〉。在作者的「末日新世紀」

中，「屍骸」填塞了整個空間，〈分屍案〉裡也不例外地瀰漫死亡的氣息！作者極力表現傳達一種結合暴力和理智的刺激風格，我看到一位凶手大膽的剖白，清楚解釋案發過程及行兇動機。「人性」之類的特質被嗤之以鼻。所謂：

寂滅的肢體被冷凍冰封成一具清淨的軀殼
它絕不是我的
祇有，還存在的手紋
可以感受到溫暖
和愛
還是築一隻涅盤的手掌
在啓闍間
釋出多餘的遺言
或許，痛
會從如鏡的冰中伸出一隻腳來
踐踏
屬於宇宙式的尊嚴

我想說的是：死亡真的可以蔑視一切、踐踏一切嗎？拒絕溫暖和愛的同時，掌紋依舊固執蜷曲成呼喚，聲聲奏演命運的依戀，我想，拋棄是不代表任何高貴意義的。除此之外，就「報復」層面而言，任何一切不也能踐踏死亡，蔑視死亡嗎？所以「尊嚴」並不和「生命長度」成正比。

〈分屍案〉是詩人自剖，肢解自己，有絕決，頹喪，迷惘，是昇華負面情緒的寫實。

如果說「墮胎」是維持生態平衡之必需，那麼〈食物鍊〉森嚴的法則執行之下為何仍有莫名的哀傷殘留？什麼是必要？什麼是平衡？什麼又是愛？在我們試圖回答時，誰看見「墓碑上滿溢天使的唾沫與穢物」，誰知道「擄人勒贖是唯一死刑」，誰在乎「墓碑仍妾身未明」？我想，真正在乎的人，「魂靈沒有機會發言」……

〈音變現象〉有兩篇，其中以音符、發聲器官、幾何線條為動作之主角，描繪「性愛」，如「雙曲線之交集……／休止符沿著左臂翻滾／（女高音的唇瓣濕潤了）／十字架誤闖幽徑深谷／（石雕微蝕處初識噴泉脈動）／（還是倉促拔營）／依音符長度酌量增加波動速率……」，描寫的十分精彩。〈音變現象續篇〉的末句：「近於神聖」，是的，當原欲與精神融合，力量是如此強烈，我們不問性別、年齡，只在乎互動、互愛，音樂自然生成。

從一九九八年起，我們實施「週休二日」，有些節日改為只紀念不放假，然而認真思考紀念日的相關，不禁覺得狐疑。在〈紀念日〉中，他說：「英雄們裸露著身子／不在乎凍死路旁的陌生路人」。是的，我們紀念過細節嗎？歷史在乎過內心革命嗎？現在紀念的就值得被紀念嗎？況且許多的「英雄」是踏在千萬人的屍骸之上，「我憤怒拍書／最後乾脆引火點燃」，價值和影響不能量化，每個人應該過自己的「紀念日」。

輯一的〈末日新世紀〉景象雖然駭人，卻一點兒也不陌生。雖然說是「新世紀」，我們卻已經在適應期漸漸痲痺與沉淪了。自省的泡沫在喧嘩聲中碎裂，殘餘的同理和同情汁液般任人踐踏，我們迎向僵硬而缺少淚水的未來，在每一刻等待消失！

軟弱的感情在細節的生活中才可透見脈絡，我驚見輯二〈新生活時代〉裡俯拾皆是的吉光片羽，柔柔絞痛生命中的牽絆，藤蔓似的「生活」，是我們與環境親手造成的！

在〈生活四章(斷裂的散文詩)〉中，他說：

人們總是藉著搶奪食物去滿足心靈的孤獨
實踐共同遵守的道德就是一種屬於生活的美學

整齊規律的餵食、活動、死亡，配合「新世代」運轉的頻率，每一個個體與另一個個體都相同，我們破壞複雜，創造單一，建立同質均勻，便於管理，易於消毀的生活環境及生活目標，大腦真空的人類在純化的意識操作下相互殺戮，攜手步向等待結束的未來！

〈句號〉彷彿一座截斷出口的迷宮，圓形的無盡的哀傷。在愛情的河中，「時間」恍若浮木又更像激流，「然而。時間沉重。每秒都是無限。每秒都是信仰。每秒都是永恆。我到底是進入了時間的亂流當中。妳呢。我心裡可能有一個更深的。荒僻的。點。」，那深長而荒涼的幽徑，適於獨行，適於自說自話，忽悲忽喜，從起點、過程直至盡頭，只有自己的身影與氣味真實存在，就像對方也在發訊告知：

撥號。

通話中。

請勿打擾。

其實根本不須要掩飾，每個人對於母體都有一種莫名的依戀與無時無刻欲回歸的衝動，在〈童年〉一詩中，作者試圖以「第二人稱」的距離來掩飾這種如稚

齡孩童般直接的想望，

你說：
「童年，
是一張總是跳針的唱片」
你的臉
正貼在妻子溫暖的胸前
你焦灼乾裂的唇
不停地吸吮
那白色的體溫
白色的雪

極切的想望如沸騰的氣泡不斷浮昇蒸散，此時只有擁抱的交合才能冰釋所有
躁鬱，因此自喉頭深處吶喊的夢，在天真與肉體之間才能獲得實現，正如：

我想沿著你的腹部
南下

尋覓一個可以通往童年的
時光隧道

往昔種種一如斑駁的照片，我們在回憶裡編織童年，通過欲望的甬道，執舉現實的火炬，一幕幕照現，幻夢與真實的圖騰，透過經歷和體驗，不論童年、少年、中年或是老年，都是一幅風景，有靈魂的畫作！

當舌上的味蕾觸到妳的唇邊，我覺得海是鹹的
帶著新鮮的濕潤的純淨的天藍色地晶瑩
姍姍來遲，並遺落下一地斑斕
於是我俯身在妳的唇邊，拾起碎片、嵌進銅鏡
把月光鋪成那道銀白色底海潮於線之地平

在〈五行詩四則：關於初吻〉中，我看見綺麗的迤邐的彩虹，跨足於兩方的內心，許多人兒在虹橋上奔跑，玩著捉迷藏的遊戲，笑容化成碎金的陽光，淚滴凝為點點藍星，縈迴不散的星雲是戀人絮語，世界在濃郁的玫瑰園中起舞，天旋地轉之際，我窺見愛情掩嘴而笑，那是虛構含意的表情。而「鞦韆」的心是「等

待」的心，從夕陽滑跌入黑夜，擺盪的鍊條嘲弄著時針，期盼一份準備預熱的愛情，我知道你的手在顫抖，溫度的數字是無情的，在冰冷之前放棄設定，否則「停擺」之後就是「結束」，你看〈五行詩四則：關於鞦韆〉：

在紅色夕陽即將沉落底時分
沙場的中央，妳在那兒盪著腐蝕斑駁的鞦韆
盪得老高、老高。而鞦韆到底是冰冷的，
獨個兒在霧靄中聳峙，有時和大地一起下沉
這時，我才知道，約會已經遲到良久、良久

把自己沒入黑夜，讓風審判，思念刻意迴避，淚在打轉，因想念、因失落、因懊悔而失眠，是殘忍的酷刑，攤成一尾離水魚兒的哭聲，時間凌遲我的時間，我害怕卻不能停止恐懼，任憑顫慄逐漸鬆弛、萎逝。這是〈失題八行〉：

水的倒影在蘆葦叢中荒蕪
現在時刻是凌晨十三點鐘
是該就寢了

我偏首取過一把利剪
剪裁　屬於時間的水
剪裁　屬於水的時間
而那把鏽蝕的利剪
勢將溺斃

我們在航海圖上觸礁，突然開始懷疑起這次航行的必要。總是如此的，每每在遭逢窘境時，忘了曾經的滿足，只留剩埋怨和懊悔，詩中的「我對自己發問，我回答著自己的問題／試圖找出最完整的不在場證明／但是，我終於失敗了」，如號角的響音，裝飾著海洋的夢，徒勞無功。

有關多數較為柔軟的輯三與輯四，我也必須微笑欣賞。它更像是一串嫻靜的風鈴優雅地掛立在你家門窗，這是作者生命的另一剪影。

〈天淨沙：雨〉裡仍然留有馬致遠式的蒼涼，正如在雨中總是感慨多一點：

高大而荒蕪的古樹
柱撐起
滿天高懸的命運

而記憶
卻在尋找纜索
想泊在岸邊

我拾起自己跌碎的影子
放入背袋
悄步離去

我想，繁密的枝葉篩下的是遊子支離的歸鄉夢，無能以繩繫，無法以船泊，已經跌碎了的落魄身影誰來拼合，流放自己的狂傲在月圓時低頭，雨水與淚水交融，不僅「把夜／打得好痛」，更使本身後退到故鄉的炊煙之外，「失了根的花」是一朵沒有色彩，沒有香味的花！

當你靜靜觀察一隻蝶的翔舞，你會發現你全身臨受繽紛的照拂，靈魂緩緩飛昇，恍若悠遊春天的殿堂，在一朵花苞中探詢世界的呼吸，想笑、想跳舞、想與山嵐擁吻、和河流朗誦，時光忘了移動，這是諾亞方舟上的側寫：

天地失卻了迴旋的餘地

瞬間，秋天就轉後了

又：

你卻醉了
醉得只能扶著虹的雙鬢
然後，於山寺的梵唄之外
漫衍著兩行氤氳

許多生物性的現象，往往令人驚訝且深思，如飛蛾撲火，鮭魚奮力游回出生地，鯨魚自戕式的擱淺，蜘蛛不懈地結網……，我們在移情之餘，附會之外，更將自己置換成主角，體會其中一番滋味。輯四的〈蛾〉：

你摘下的草葉上，我焚身
決意殉道
恣性於赭赤的火網裡
殞入如此自殘的身影

也許，剎那間，這盞微弱的燈光
可以使楓葉仍紅
黃昏決不轉暗
然後，於一泓清淨之中
現出慕你的最後本像

我在書籍的摺痕裡尋獲當初的蹉跎，雨天的蝸牛陪伴我寫作，我並不奢望任何文字搖旗吶喊四處遊行，只願私自保有做夢和飛行的權利，我跌跌撞撞，恣意浸淫摸索的樂趣，在荊棘與花蕊之間耕耘我自己的夢田，這是「失題」，是「無題」，是「不須有題」，你看〈不題十一行〉：

海濤是牛步的走索者
它總是在礁岩之中
緩行
尋找著自己的童年
水的稜線

以環狀漾開
一環、一環、一環都是夢
都是酒窩的影子

海濤的童年是漣漪
海濤的老去
亦是漣漪

作者另有一些詩屬於寓景之作，也是比較早期的作品，所以不論在字詞的遣用，或是意境的築構，都比輯一、輯二的詩作來得青澀淺浮，但一首詩能銘刻當時的情懷與感動就完成了本身的任務，記憶的價值不分優劣，唯「真實感動」而已！在〈觀音山紀事，頂禮〉中：「任蓮花開瓣之勢／被一襲無比寬容的蔚藍歲月／掌心托住的是／屹立為美的永恆」，淡淡地描寫佛像的部分外貌，賦予個人對生命的感慨，以距焦的方式反視內在，再以放大鏡擴充隸屬哲學的視野，如「被一襲無比寬容的蔚藍歲月」，就像虔誠的膜拜姿態，舉手投足都成定格，小小的一方立足之地頓時延展成宏闊的宮殿，宏鐘隆隆振人脾肺，宗教的信仰，情感的信仰，詩是信仰的語言，何其真實，何其動人！

〈秋風總是蕭瑟的〉是一首以散文句為題的詩，綿密的情意迤邐紙面，如含蓄的渴望，低切的請求薄膜般敷在乾燥的秋意上，微微濕潤了肅殺的季節，我覺得這是一首可愛的小詩：

葉落隻字片語
當秋意變得木訥
風陡然蕭瑟
如果有階
此刻我將用風的賜與
在生命的扉頁上
題下我的詩
妳可曾發覺
躺在風裡
滿身都是吟誦不完的原野短調
縱使風是蕭瑟的
它也飄浮著屬於古典的羞赧
就這樣

風馳進夕陽
風馳進巍峨
風馳進水聲的岩
縱使秋風仍是蕭瑟的

〈漁父吟〉是舊題新作，仍舊是荒涼的佈景，有「草煙」、「橋頭」、「鐵環」、「纜索」、「弓弦」、「一篙渡船」、「一壺竹筒酒」、「石槽」、「洞庭湖」，幽憂的氛圍只怕屈原哀傷獨慟的眼神再染深，洞庭湖上煙霧浩浩，彷彿屈原的魂魄兀立水心，像一紙標語，歷歷吐露悱惻複雜的情懷，眼眶的餘淚仍在，深重的情意永不沉沒！「撐一篙渡船／上一壺竹筒酒」，讓我們在搖晃之中，伴著酒精的催眠，於幻夢裡會一會屈原吧！

〈P雪倉岳行遇〉仿擬山嶽的起伏，讓人吟誦閱讀之時恍若正攀越一座山嶺，沿途觀察著這山的軀體稜線，肌理姿態，行走其中，呼吸的韻律逐漸與山林同律，不為征服，純粹只想體會另一種生命型態的生活哲學。你看，就在你站的所在，「藍的天空漂成主脈／縱走偏向稜線右側／伸出手連手指也會染藍」，和山嶺共為生命共同體的植物，選擇了一個比其他生長在路旁，公園的同伴們更親近故鄉的所在。因此，這兒的草木活得有自信許多，它們恣意伸展自己其實含蓄保守的欲望，生長成一句詩，佇足為一首歌，至今有人仍未發現，自然是一渾然天成的詩作，音樂，完美的藝術品！「白色的小亭車草／黃色的初山深雲仙草／紫色的山鈴鐺，赤桔梗／紅色的唐井户草／澄黃色的登山背包」，我欣然回應所有以光合作用方式傳遞的微笑，千萬生命能量集聚發出意識之類的訊號，我們在交談，攀登一座山等於赴一場文化的盛宴。

〈記旅次偶遇於廣漠〉裡頭有一句叮嚀？一個請求？一個美麗的問號？說著：「別讓月光漏進來，別讓影子飛出去，好嗎？」。我知道一個小女孩的夢想，尤其是她一個人孤單的時候，就像一個人踽踽獨行於廣袤的沙漠，她盼望一個朋友，她把影子當成是沙漠中唯一的綠洲，她精神仰賴的水源，她與自己的倒影遊戲，在黑暗中流淚不會被發覺，怕月光即使再溫柔，都將輕易揉碎她的夢。小女孩懇求的眼神是一條河流，怯怯的話語如潺潺的水聲，令人不能拒絕，掬一捧在手上，那是你我童年熟悉的天真稚犀。「童年夢境中的一次混音合唱／火燄中我們扯著嗓音／盡情地唱出歡愉，傳遞著深厚的情誼／縱使是初次相見」。其餘的一些散作，有兩首悼念古人的氣勢磅礴的作品，我自己十分欣賞。一首是〈腳步・遙念東坡〉，彷佛是〈定風波〉裡的情景，行走於秋意瑟瑟的山林，心境澄明自凝成一湖水泊，汲取深潭燒滾一襲狼狽，山茶舒展抑鬱的葉脈，自在浮沉出一闕詞，舉杯敬邀山河，淋潑成一紙書法，敞喉大唱，手舞足蹈，東坡的人生活脫就是一句飛行的詩：

錯放折起的墨扇
被秋天的山茶徹底的洗過
古代的先知落在你筆下後
那束白紙緩緩流出被淘盡的夕暮
隔一封巍然骨骨的筆架
你肆意縱聲大笑
然後款步穿過世紀迴廊
採另一季山茶

彷彿東坡的色彩就應屬於山茶色，有沉穩的墨綠、俏皮的青綠、並參雜些許憂鬱的深咖啡色，浸泡自我的性靈發酵成一壺醇香。我們跨越許多個世紀的柵欄，依稀聞覺那醉人的氣味，令人傾倒卻又振奮。「莫聽穿林打葉聲，何妨吟嘯且徐行，竹杖芒鞋輕勝馬，誰怕？」。徜徉在自然的懷抱中，東坡生命的山水畫落落灑下一片留白，至情至性，人間佳作！

驀然驚覺
你一人獨坐千里外
乍看之下
我的衣袖款擺
靦腆地問你要了一首詩
良久
你啓口緩吐四字
「顏面喪盡」
那年盆栽裡的那株山茶已長滿苔蘚

我難以測知這是詩人悲觀的感慨，還是東坡本身宿命的自嘆？「流放」的確沮喪心志，但見東坡昂揚的詩詞，是令人寬慰，足以提振人心，或許作者是著眼於落拓的心理難以跨越的點上，渲染去描寫被覆青苔的失意情形，我想很多人亦可以感同身受。

讀〈弔屈原賦〉彷佛身置消毒藥水瀰漫的手術室內，又如圍觀鬥爭屈原的黃土場上，更像學術研討會上熱烈的口舌之戰，我們解剖他的大腦，駁斥他的思想，分析其中的偏差及異常，他有如一個呆滯的傀儡，任人擺弄，渙散的眼神已然不在乎外界的評頭論足，荒誕的神話與熱情萎棄於地，質疑已挑不起任何注意，他變成「槁木死灰」的注腳：

通過實驗來確立關於未來事態的某種習慣性的主動期待
在固定的環境中曾聆聽您那撼動人心的悲吟
（何謂解釋性假說的目的－對於自我的複合主體）
清算任何不可證實的神話原型正是權威地位的某種變革
信念屬於眞理概念竟也是事物的一種屬性
（那團混沌何時才能纖塵不染）
你長滿皺摺的臉從身體中把神經區分出來
爲了維護假想的單質
所以找出腦中的靈魂去證明了意識作用

不懈的熱情要用「假想」來說服維持，無污染的意見是致命的癌症，唯有「假想的單質」是止痛的嗎啡，這種相互矛盾的結合是屈原痛苦的一生，令人敬佩之所在！

時針分針秒針像一把利刃在物理方面互相聯繫
因此世界本身既不是善的也不屬於惡的
(自我不是對象乃是思維的主體)
所以你果然匆匆地走出朝門
在行爲與後果間畫下一條界限
笑著說要清理一些屬於夏季的章甫
以禦即將來臨的冬寒

我獨自一人在黑板前思索關於洞庭湖畔對於屈原的看法，時間之指撫觸他憔悴的唇形，喃喃的信誓是在面前的詩歌，粉末紛飛成雪白的冰花。我知道屈原應亡於燠熱的六月，沒有人走在「行為」的暗道中，能確知盡頭「結果」的面貌，兩者之間的距離是海灘上的沙地，反覆不定，所以行動的當刻，「肯定自我」才能使一剎那變成永恆！

面臨死亡的恐懼是惡劣人生最好的標誌
死是無限時間綿延的永恆
(主語和賓語對調並不涉及從屬子句的眞假)

因你終究將被掩埋在塵埃底下
和其他芸芸眾生一起沉溺醉心於這種謬誤
依然掛念著那古老的理想定會在某處付諸實現

含著意識的死亡是具有延續時間的法力，未完成的願望、邪惡的詛咒都會繼續留存人世。對於活存在三度空間的我們而言，的確「死是無限時間綿延的永恆」，因為未知，所以恆長，無盡的等待是堅強也是哀傷……

毀滅與消解並不是絕對的最終命運
只是暫時的局部性悲劇而已
（道德秩序僞似實存於你的表象之中—顯然你不知錯在何處）
而你的能動性在歷史變異中終究受到了它的制約
於是汨羅江的廣延性便成爲你本能生命與情感生命的調節器
滿足你對於存在與存有之間的辯證
（這藉助於隨機取樣的或然率　你倏地加上絕對值）
然後坐在太陽起處的紅色天涯處望向南方
死於放逐

其實，作者用了大量的學術性用詞，只是要説明一個重點：「死於放逐」。而停留在猜測與臆度的階段，「死亡」並非是最值得注意的，屈原遺留的作品「離騷」、「九歌」、「天問」、「九章」。其中浪漫的想像，瑰麗的顏彩，真摯的情意均足以令我們浸淫其中，獲益匪淺。

筆者此文是一篇充滿「否定性」詞語的「個人感想」文章，我必須承認：在寫作的過程中非常痛苦，但是成長了不少。希望閱讀此詩集的人也一樣有相當的收穫。

輯一：末日新世紀

末日新世紀　卷一

地下道排水管內．末日前

期待死亡……………………
寄生的鼠群同時搖曳著循環失調的尾巴
堅持向那餘光的殘燼
頂禮

似乎，夢境已失去很久

凡是心臟都長滿青苔
堅硬地佈滿鼠的身軀努力生長、竄延
令人困惑的
卻是，靈魂的邊界杳無人煙
當它長成大樹時

我是一隻畸形的鼠
細胞不斷崩解、分裂、繁殖、崩解
複製的我
即將顛覆關於數量的思維

腐朽的綠意底下是枯骨的氣味
記憶決不敢立足
在此
欲望、虛無、靈魂列隊以黑暗浸漬
逐漸混沌的邊界

死亡的坡度太陡……………

首都·末日前

街道傾斜，地殼裂隙內伸出巨掌
摩挲著通路兩旁嗜血的刑具
（槍聲）

即將墜落的最後一顆惑星
想自轉作最末一次
膨脹
（槍　聲）
地上掉滿了原生的臟器
已然抗藥的蛆自在的蠕動
（　槍聲）
記憶在地殼深處燃燒
傳來揮發後的回聲
當滿城都是惑星裂爆後的餘燼
便宣告了次生代的
來臨
（　槍　聲　）
新政權誕生。

（原載於八十六年七月二十三日台灣日報副刊）

末日新世紀　卷二

網路通道內·末日後

（第一環節）
思維在甬道裡流浪許久
不斷地被詢問著非常後現代的問題：
　渾身長滿苔蘚的狗會不會發出貓叫聲？
　貓又會不會用下肢自瀆？
……管他的
當宇宙再次裂爆時
狗、貓等等，都將
成為終端機上　思維與符號的錯
置

（第二環節）

車禍

起因於剎車不及

超速的快感可以使供需市場穩定

當然，無法保證是否還會

當機

一分鐘大約震盪數億次

軌道上的自由導致的是

塞車

漠視法律的第一要件

是形成落體

之後，便可以取得飆車的

合法執照

（第三環節）

LOGIN：死亡

PASSWORD：謊言即是真理變型的結果

……………

PASSWORD INCORRECT

PASSWORD：謊言變型的結果才是真理

登入成功

USING TIME：UNTIL DEAD

（第四環節）

形成落體的　車禍

一分鐘大約震盪數億次

想要取得合法死亡的執照

請植入

PASSWORD：？

（祇要是可以證明自己的思維已被顛覆解構的某句符號所形成的段落即
可）

……管他的
當宇宙再次裂爆時
狗、貓等等，都將
成為終端機上　思維與符號的錯
置

（第五環節）

我是一隻喜歡咬嚙時間的獸。

末日新世紀 卷三

首都·新政權誕生後

這是一個新的世紀、新的政權、新的首都、新的度量衡、新的廢墟。

AM
25：01 溺水的美人魚
25：05 在唱歌
25：05 之時，被垃圾哽住了食道
PM
25：10 溺水的垃圾桶
25：15 一個個遇熱膨脹成
變型的刑具
25：15 同時，吞吐街道

AM

25：10 溺水的街道

25：20 已經淹死了許多不平之鳴

25：30 反正，頂多胃痛而已

PM

25：20 溺水的胃

25：25 不斷反芻街道上所有

生命的殘骸

25：30 從第一個胃至第四個胃

AM、PM

26：00 被反覆咀嚼過後的廢墟

26：01 再生

26：01 美人魚進化，成為

26：01.5 食人魚

食物鏈

(a)墓與陰莖

這是你的墓
墓碑上滿溢著天使的唾沫與穢物
在地底沈睡多年的是被閹　割的你
天空　響起了被放逐許久的聲響
誰在吹笛
那支用你的陰莖作的笛

墓碑上的英雄肖像
發出屍臭
醉人有如酒精混合薄荷葉碎末的香味
產生了一種不可言喻

的鄉愁

(b)赤道與胎兒

赤道扭曲
妳的子宮扭曲成不規則的拋物線，九厘米
見方的妳的處女　膜上的破洞
從其內
緩緩流出一曲小步進行
胎兒，泉湧而出

三個月又零八天又九小時又五十七分鐘又六十二分之四秒
的生命時間
胎兒總是由內向外窺視他　的動靜
殊不知偷窺是有罪的
一旦判例確定
擄人勒贖是唯一死刑

(c)食道與胃

決定對食道自瀆直至哽咽
胃可以進入反芻的作業程序
ENTER,PRINT SCREEN,CTRL-BREAK
中斷執行後的食道
逐漸萎縮

胃經過第一次妊娠之後
抽搐，逆流至
食道的精液開始痙攣
我拖著一根瀕臨退化的尾巴
在口腔的頂端
催吐世紀末的高潮：

（從吹笛人的口中吐出一個八分音符的長度
是一把銳利的匕首

用它在墓碑上刻下自己的名字：
陰莖胎兒食道胃食道胎兒陰莖胎兒食道胃食道胎兒陰莖
這個物競天擇的食物鏈
果然無法顛覆、解構
莫怪乎，
墓碑仍舊妾身未明）

音變現象

雙曲線之交集終於屏幕
休止符沿著左臂翻滾
（女高音的唇瓣濕潤了）
微醺的琴韻變幻座標空間
十字架誤闖幽徑深谷
（石雕微蝕處初識噴泉脈動）
一道鋒利長劍推就敵意
溫暖地佔領包廂淌血
（八分音符不太含蓄吧）
失去索引的疲倦開始膨脹
塔頂之於氣溫有些稀釋
（還是倉促拔營）

或者折射傾軋女高音的小舌
轉身舞落壑底
（原刊載於中外文學二七九期）

音變現象續篇

變位的聲腔結構
依音符長度酌量增加波動速率
（女高音的小舌呈現不穩定的三十度滑角旋轉）
對稱的刀刃
似冥頑不靈的懷疑者
（休止符斑駁地散落一地）
儀式的輸送帶上
則存在著紀律裡的自由
（失去軸線的端點逐漸模糊）
假設小舌的發言會影響發聲
就突出角錐形的側向
（八分音符箭柱般列成上升的軸線）

成為冷靜的角柱
近於神聖
（原刊載於中外文學二九六期）

音變現象續篇之二

在口腔內植入變形的謊言
終於取得合法的供需執照
（形成落體的小舌決意對臼齒自瀆）
當八分音符中斷執行的能力
休止符哽咽時
（十字架前女高音力圖證明鄉愁無端地產生）
假設口腔汩汩流出的
是誰或誰的隱私
（女高音期待拔營之後的痙攣）
而神聖的紀律被食道不斷反芻
瞬間細胞重組
（世紀末的高潮終於臨盆）

新的十六分音符
即將妊娠

意識流現象

（停格）
看不見的影子
東移
（停格）
你口中喃喃不停
說要揭發誰底隱私
（停格）
喉頭最深入之處
竟是長繭
繭中則有一隻緩緩蠕動
的透明

的蛾
□□□
（停格）
你喜歡喝的水
是從他口中汩汩流出的
紅色的
濃稠汁液
□□
（停格）
但是
有朝一日
你
將發現
你吞下的
□
（停格）
飽含隱私的口沫

於你
努力地
咽氣聲中
被稀釋
呑噎
（原刊載於台灣詩學季刊十四期
雙子星人文詩刊第四期）

午茶

舌頭舔著墓碑
為將軍立傳
菊花的顏色醜陋雜亂形成不整齊的路標

吉普車在尋找光榮時　迷途
許多年後
將軍的頭髮依舊可以供人取暖

午茶時間
我嚥下這座免費提供的墓碑
滿足於胃的罪行

在族譜上刻下自己的姓
用將軍的名
種出屬於祖先的後代

轉眼間
車禍發生
某人成為英雄
(原刊載於明道文藝二六三期)

紀念日

編年史
一頁頁逐頁形成冷鋒
然後過境

我調整時差

紀念碑上
是一股暖流
英雄們裸露著身子
不在乎凍死路旁的陌生路人

我憤怒拍書

最後乾脆引火點燃
明天又是一個紀念日。

（原載於一〇六期創世紀詩雜誌）

政治詩話六則

安全島

安全　　　島
被車陣
孤立

一切正如設想
成為
過去完成
現在進行　　式

噓
禁鳴喇叭

安全　　　島
假如生氣的話
言論又將
戒嚴

左右互搏

左手和右手
猜拳
我背過臉去
讓他們鬩牆
我轉過臉來
要他們
符合要求底
抽筋

關於亞運

臉
都是血
黏答答地
跌在水泥地上
向我問路

然後
我用高跟鞋
跺

教獸

左手擎起紅色的
論語
昭告世人

左手則讓人之大欲
發酵
以每秒百二十公里底
速率
從滾燙的地心中
昇華

裂縫

怪獸
張開血盆大口
吞歿了
正在急駛
率先抵達終點的
專列
其上空無一人

只剩幾張厚臉皮
在嘲弄
怪獸的愚蠢

廢墟效應

埋葬一座死亡的
城市
户口
即將沈淪

我們只有從容地
面對褫奪
成為一座壯美底
浮屍

（原刊載於台灣文藝新生版十二期）

荒謬

意識加工
晶片植入訊號
…………
嗶。
植入成功
偽善者誕生
（之後）
每個朝代均有這種高科技的產物
決不例外
偽善者也是人，亦能生育

一代、一代
偽善者充斥於整個世界
他們有著同樣和氣的笑容
　有著同樣的服務熱忱
就算是晶片
也不需要再複製

（很久很久之後）

意識加工
訊號植入晶片
…………
嗶。
植入成功
聖人誕生

（原刊載於十五期台灣詩學季刊）

輯一：新生活時代

胎魘

濃縮高亢的驚嘆號
如閃電一般
擊碎了天使的頭顱
瞬間，惶恐的嬰兒在子宮內
失去了影子

對於骨骼的重組
或倒置
或並列
或以亂數間歇
雖然扭曲的子宮逐漸陽萎

細胞不斷分裂
嬰兒僵直顫抖的身體
已失去任何面對死亡的動機

被肢解的嬰兒露出猙獰的笑容
臉，一張張形成了
缺頁的歷史

關於情慾底一些紀事

其一：偏執傲慢底超級自戀狂

善於妒忌的輪廓
是否不善於表達慕羨
鑲在性格上底彩鑽
為了逃避失落底環節
應當在糾纏上規範精蟲繁殖
使跛亀癱瘓

其二：道德重整委員會會長

卑微的惰性
揚棄五官之間底論爭
沈湎在罪與罰較勁底競技場中

被倫理奴隸
所以天秤總是遲到

其三：正在偷偷自慰的男子

昂然挺立底標竿
竟然拒絕撒旦底誘惑
使震動形成時間上底拋物線
並砌成一座變易底金字塔
緩速爬在不平衡底纜索之上
於封鎖點一湧而出
死亡即將延遲

其四：亞當與夏娃投打之際

生命的甘泉偏離常軌
背負著屬於情慾的十字架
伊甸園裡的秘密失控
引爆自尊夢囈

當面對來勢甚快底速球
只有用推打的姿勢
被三振出局

其五：上帝與女性教徒的戰爭

公然心虛地使用
那可被稱為疼痛的東西去侮辱聖靈
它肯定是人世間最可愛底傢伙
邏輯機器加上血肉之軀
與宗教絕不相干
因為宗教是一種純粹實際底事情

其六：墮胎導致失敗

搶救冗長底輸卵管
撿拾卵子破裂後底碎片
以圖騰膜拜底方式
灼傷岩壁裂縫

使子宮舞成雙曲線
稀釋一個還未成形底名字

其七：新婚之夜

人類誕生之處
一對紅燭無力底垂淚
高級禽獸臉上滿是猙獰底紋
用甜言蜜語去完成
嗜血底最終目的
探索膚裂真相

其八：在半夜微醺底我走在街上

跟蹤一輛
滿載精液底救護專車
尋找合法玩伴
作一場勞動分工底遊戲
醃製妳　為何缺席

我 陳屍路上

（原刊載於台灣詩學季刊第九期）

水族箱

我沒有肺，卻打了一個衝動的呵欠
不需要肺也能生存的哺乳動物
這是一種超越性的
生命範式
反而是早晨清醒時，齒間
總是長滿青苔
一尾尾的魚從口裡擠兑而出
然而我並不用刷牙
因為海是鹹的

迷途之後

我倉惶的吐氣，暴風圈向你
席捲而去
晴天時我狂飲隔夜的咖啡
雨天時，我貪婪地汲取
街道的廢氣
然後迷途
像一張失去比例尺的地圖
等待標記

經過風暴粉刷的街道
常，勒緊了脖子
假裝窒息

或許我該蹲在路旁，撿拾煙蒂
引火，嚥下不堪實驗的熱情
吐出
一座失明的墓碑
（原刊載於創世紀詩雜誌一一四期）

香蕉·詩

從香蕉的頸部剜開刀口的創痛
替它繫上黃色的絲帶哀悼可以不已
反正香蕉皮剝開之後呈現的赤裸
像是一行意義扭曲後的詩句
終究是香蕉的味道經過反芻必然導致噁心
當然可以慢慢吸吮著其底部氣息的甘美
但別讓它暴露在空氣中過久
著涼以後的香蕉可是會流鼻水的
這時候的香蕉只有難吃一字可以形容
過了保存期限的香蕉
縱使想挺直腰桿證明自己還是年輕
卻必然又是老化萎縮
成為一行散文化的詩句

依舊

寫作的本身
無非是
夜晚時面對夢遺的順利

官僚又在調劑劇毒
透過空氣
散發出醉人的迷迭香味

好不容易
點著　電視屏幕上
舞台劇演員叼著許久的香菸

我錯亂著文字的
排序
以精液塗改閱聽者的命運

愛情依舊
官僚的謊言依舊
舞台劇演員的死亡依舊
（原刊載於創世紀詩雜誌一一四期）

誓言

撫觸著男人的內褲，像是正在摩挲著他的下體。數磅的衣物，承載他做愛的訊息，意淫，是有方法和美學的，就像我的男人在嘶吼時，絕不吶喊我的名字。洗衣機前我享用這餐豐盛的美食，幻想著他做愛時將會喊出我的名字。於是我在他剛烘乾的內褲上，親吻，以吻痕作為誓言。我是一個在洗衣店工作的女子。

領悟

我落在影子後面
屏住呼吸
影子迎向晚風

我漫步著
影子卻越過我的腹部
用力跺下去

從傷口中滲出紅色的影子
僅一瞬間
影子裂成兩半

從中長出一支荒蕪的路燈

（原刊載於創世紀詩雜誌一〇六期）

乘坐電梯之心理狀態辨析

電梯擱在切口整齊底頭上
從一樓奔向不知名的幾層樓的途中
凡停處
皆有
齊整的頭

每當頭上的指示燈亮起時
進入電梯的人
請隨手撿起你的影子
放入口袋

（原載於雙子星人文詩刊第四期）

生活三題

之一：編織

隔著舞者之姿
炭　輕微地爆炸
隱隱潛伏著織機匆匆
淅瀝　淅瀝
就快成灰了

之二：插花

碑上的玫瑰
誰在揣想
抽來一尖崩斷的弦
去刺傷另一墓誌

的手

之三：雕塑

些些的髮
一瓣瓣數著
我純為雕塑而
編織

為了不再孤寂
無妨吹著一笛輕盈
逐字逐句
招展

別在近處隱沒
好嗎

（原載於二四八期明道文藝）

生活四章（斷裂的散文詩）

之一：

將生活的細節拷貝，去適應各種意外，曾有幾次起於偶然的難堪。我處於這樣稀薄的空氣裡，正好汗涔可以掩飾悲哀與不安，那時妳就應該變換另種氣味讓我盡情猜疑。

於是，狗吠。並且打了一個噴嚏。

我則是打了一個呵欠，當妳逼我為妳提刀逞兇之時，狗狠咬了我一口，這不能不說是意外？

於是，我謙卑地像是一條狗。

一條忠於主人的狗！

之二：

今早走路之時，竟然遇到了那隻惡狗。

牠瞪著我，我開始後悔昨晚喫了牠的同伴。我只有趨向前去
向牠鞠躬賠罪，臉上還必須掛著兩行清淚，但
牠似乎不領情，仍是
狠瞪著我。

她底口紅是暗紫色的。

吻在我的頸上，總是讓我的脊背
下意識地發涼滲汗。尤其是
她所豢養的那隻吉娃娃，眼瞳
竟也是暗紫色的，今天也是
狠瞪著我。我到底是招誰惹誰了。
作勢要狠咬牠一口，牠並不駭怕，她只是吃吃的笑，

笑得有點兒愚蠢。

之三：

喝水去噎到就如同走路會摔跤般地容易。我把手指深入鼻孔中掏挖了半天，想著可以挖出什麼也好，結果女友卻因此與我分手。所以我把頭深埋在兩股之間哭泣，並且準備前往教堂受洗

我同情於她的不幸。

之四：

把吃食與生命放在天秤居然能夠平衡而未有一方墜下原本就是件匪夷所思的事情，但是看到每個人饜足後的臉孔，我明白了種種情由。

就像哲學也可能成為定律一般。

人們總是藉著搶奪食物去滿足心靈的孤獨。

實踐共同遵守的道德就是一種屬於生活的美學。

我豁然開朗，
便以全部的力量投入
與狗搶奪食物的行列當中。

（原載於一九一期笠詩刊，此爲修訂版）

童年

一

你說：
「童年，
是一張總是跳針的唱片。」之時
你的臉
正貼在妻子溫暖的胸前
你焦灼乾裂的唇
不停的吸吮
那白色的體溫
白色的雪

二

我想沿著妳的腹部
南下
尋覓一個可以通往童年的
時空隧道

三

當我說：
「童年，
早已過了保存期限。」之時
從妻疑惑的臉上
靜靜地冒出一株新生的
苗

（原載於八十五年五月十一日台灣日報副刊）

失題八行

水的倒影在蘆葦叢中荒蕪
現在時刻是凌晨十三點鐘
是該就寢了
我偏首取過一把利剪
剪裁　　屬於時間的水
剪裁　屬於水的時間
而那把鏽蝕的利剪
勢將溺斃

（原刊載於八十四年十月十七日青年日報副刊）

擱淺的魚

魚　擱淺
稍稍露出一點兒影子
爬行　影子
費力在移動　魚
　擱淺。

魚，勉力綑綁自己的影子
擱淺，在岸邊
沒有纜索的地方
魚，擱淺，屍於河床

（原刊載於四十九期大海洋詩刊）

關於一張不甚熟悉的航海圖

地圖上有若干的記號是莫名的，那使我憤怒
我竟然不知道該是向東，抑或向西？

起碼我到底是察覺了意識之下潛藏的憤怒
為何是如此跡近歇斯底里而且傷心呢？

這張荒誕的地圖，這片荒涼的土地
將要邀請誰去作一場彌撒與見證？

每想及此，都不禁打了個寒顫
寒顫並非代表我的輕佻，因為寒顫，
反讓我得到了某種不知名的釋放與解脫

我闔上眼睛，去感覺掌紋的衰老與枯竭
於地圖上某個角隅裡，我找著了
可以安身的棲息之地

我想去摺疊這張莫名其妙的地圖
雖然有關於此，對我仍是未知
但，起碼我以人類獨有的盲目的第六感
摸索著走來。

疲累了，摸索著走去。

我對自己發問，我回答著自己的問題
試圖找出最完璧的不在場證明
但是，我終於失敗了

因為地圖上有若干記號是莫名的。

（原載於四十八期大海洋詩刊，此爲修訂版）

輯二：愛情夢囈

序詩：狂愛一九九七

零下三十幾度C，神的自弒
欲支配眾生的罪愆，我是全能的
當封印皸裂一隅
　話語猶如黑洞
請摔開你連接命運的臍帶
陪我一起沈淪於
異鄉情網裡

忘記咒語的讀法
盡情猜疑、演繹慾念
我是神，具有
魔性的心靈

句號

電話前。咀嚼思念。撥號動作尚未完成。想妳。終於撥號。

我在甬道的尾端思念妳。我說。眼裡盡是自己荒謬的影子。從身體裡分裂出來的另一個我。對抗似的凝視著我。心靈的我。只剩下。軀殼。

某種權力。自生在體內。深處。塑造出恐懼的美感。我竟。無。能為。力。逐漸瀕臨荒誕的邊界。我穴居。迂迴曲折的。墜入思念妳的完美原型。黃金比例。我追求的。

從妳口中吐出一隻荒蕪的路燈。妳是有潔癖的歷史。妳對自己殘忍。妳說你說妳歇斯底里妳崩潰妳恐懼妳虛無妳將自己隔離成一道無堅不摧的牆。我想進入妳身體裡的細節。我想架構出。妳。

然而。時間沉重。每秒都是無限。每秒都是信仰。每秒都是永恆。我到底是進入了時間的亂流當中。妳呢。我心裡可能有一個更深的。荒僻的。點。

隔離自己。並擴散唯一的可能。妳說時間是導火線。

我決定愛妳。腐敗到底的。

極遙遠的聲音飄來。自甬道的彼端。許久之後。將植入記憶的晶片。

撥號。

通話中。

請勿打擾。

（原載於二五四期明道文藝，此爲修訂版）

句號之二

REDIAL。

線路形成雜訊。所有我說的任何話語。遭到完整的扭曲。妳分裂成好幾個不同的妳。說著重複難解的符碼。拒絕。我的解碼。

我立刻掛上電話。REDIAL AGAIN。

妳說妳幻想妳盼望你苛求你強迫我是一本有潔癖並且缺頁的族譜。但絕不要記載妳所在的位置。妳說。妳也要成為一個更深的。荒僻的。點。

我的神經。分裂。之後錯亂成一支無堅不摧的獸。向妳求援。
妳卻。無。能。為。力。
我被架構成終端機上被豢養的。獸。
在妳敲打鍵盤時。不斷成長。

問妳。我是否該去流浪。甬道中我的聲音模糊。
妳說。掛電話吧。
有點累了。

REDIAL。
收訊不良。
我決意去換個新的電話。

句號之終章

我害怕。

甬道一端傳來陌生的聲音。卻不是妳。我決意掛上電話。
一分鐘地無言後。開始哭泣。或許哭泣是唯一可以達成流浪的。
方法。

妳曾説過的。妳從來就不曾愛過我。我逐漸相信。
當甬道彼端。妳的聲音。陌生。冷漠。或許我。應。該。流。浪。

再次撥號。電話抖動著單薄的身軀任我擺佈。
對不起。你打錯了。我祇能啞然失笑。然後。請人再次捉刀重新來過。
因為恐懼。關於妳的不安與壓力。我竟。

無。能。為。力。

在乎。些什麼。我不過是一只逐漸失明的墓誌。
妳想斷線。無端地。
妳說妳說妳說妳說妳說妳說妳說妳說妳說妳說妳說妳說妳說妳說妳說妳說。
累了。

我說流浪是必然的。當妳不再需要我時。

斷線。我再次撥號。通話中。我再次撥號。通話中。我再次撥號。
妳說。
去流浪吧。

五度聾盲之一

妳仍否不堪殘缺毀譽交相
逕自染色於南冥海面
鵬用雙翅再次襲擊　內與外
負磅礴乎　如潛龍之躍升
我則以無所之至極底　聾盲
釋妳　恍如秕糠囉皂
卻徒徙於物累之際
約辭永履　踐誓未葬
這難以陳埋宿命底夢魘循環
讓我　不由自主地還妳一襲深情
輪迴不休　又墜入六畜道中
逍遙　純粹徒勞無功

五度聾盲之二

瞽者底內蘊涵濡
逕庭遨遊於天地四方之外
天大而無當
地亦大而無當
更多底卻是複雜紛擾往而不反
形骸又哪裡肯自限於物累之際
原來追逐間底反彈力也是一種回應
讓本質結構籠統地外洩
所以神人涵濡的並不只是人間煙火而已
對於萬物底混同　磅礴原亦為一
物莫之喪　卻又喪了其內德之本體
造成二度聾盲

五度聾盲之三

槁木之形不堪砍伐而坍塌
死灰之心無奈侵害而解體
衆孔竅則於大塊之中激盪
向實相作一場無聲的擺渡
自取疊積大化底深淵憩息
墜體冥頑不靈地自喪型態
在積與化內摒據自我冒瀆
譬若欠缺生命裡底象徵性
第三度聾盲終究無法擺脱
洞悉無相連帶虛妄之描摹
思索實體遺棄本相之喟嘆

五度聾盲之四

拈花相視
娑婆界遊乎四海之外
從瀕死底杯中溢出十方樂土
智者神識之幻妄
嗔者怨怒之虛空
庸詎知孰能了脫輪迴死生
殺戮不也是一種高妙澄澈
無明之無待磅礴至人之無己
彼若無知底實相擇滅四度聾盲
境由心造
斷念真情智底相覷
虛妄才會菩提

五度聾盲之終

我終於發現
我底不知所云正從眼角流淌
完整無缺地洩落業力底識蘊
鵬之形骸則無所依循而殞損
度眾生於自染迷離之境
妳卻自居其後
嘲我本相洩落後底圓滿含藏
使磅礴墮於諸般惡趣
雖然眾生仍有千萬差境
我仍被妳勾牽
攝我造化無關佛德增減
無識沿趨係為頓根

使自業感召往地獄受報

（原刊載於二三三期明道文藝）

速食愛情紀事

是時歲次甲戌小子突出底喉
結蠢蠢欲動迸出楊雄之口吃
我愛妳隱形眼鏡沾滿了邏輯
基礎上底根本缺陷它跌在地
上對著我笑總總情由之了然
妳底字跡對於構造系統底當
頭棒喝原來是主語與賓語底
倒裝框架二律背反神話開始
之後妳支配謂語單位下了半
個絕對指令聲稱賓語不值一
哂小子突出底喉結滲出血物
價上漲兩百零八倍形成規範

底總和隱形眼鏡仍對著我笑
楊雄口吃治癒適時歲次甲戌
（原刊載於八十四年三月三十一日青年日報副刊）

五行詩四則（選二）

關於耳垢

蠱惑，終究是風乾了
我發現耳道的外部積了一層厚厚底耳垢
是每次聽妳口沫橫飛時沈澱的吧
不過，耳垢其實可以抗拒三月初旬的春寒
所以，我竟捨不得刮淨它呢！

關於初吻

當舌上的味蕾觸到妳的唇邊，我覺得海是鹹的
帶著新鮮的濕潤的純淨的天藍色底晶瑩
姍姍來遲，並遺落下一地斑斕
於是我俯身在妳的唇邊，拾起碎片、嵌進銅鏡

把月光鋪成那道銀白色底海潮於線之地平

關於鞦韆

在紅色夕陽即將沉落底時分
沙場的中央，妳在那兒盪著鏽蝕斑駁的鞦韆
盪得老高、老高。而鞦韆到底是冰冷的，
獨個兒在霧靄中聳峙，有時和大地一起下沈
這時，我纔知道，約會已經遲到良久、良久

（原載於八十四年六月二十七日青年日報副刊）

隱題詩兩首

戲

城腳之下兩只突如其來底深深的腳印
那不禁使得夜融成了罪惡
一度年少時的遠徙
端端靠著雲深不知處裡的鐘聲指引
的確　早來的深秋與我慕戀許久的
女子　於充滿疑惑的城中
人們總是口耳相傳著她底美麗
連泥濘的城隅旁底榆樹上那惱人的蟬聲
夜裡都果若另一種時光裡吐露著深沈的哀悼
裡頭偏偏走音的圖騰符記是我倆所共同信守
的誓約

貓兒卻總是躡手躡腳的攀上城牆偷窺
和不停的眨眼
城下的我則對著月色微笑仍在　想著
外邊的厄難與她何干
的確　深秋到底是早來了
風吞噬了我半裸的身子與即將墜落的月
都是孰的錯誤呢？
不知道九月的我是否仍在城牆上擊節歎賞
知悉誰才是命運的主宰　並且
道出自己詩句裡的悲哀
結局必然建立在城破之時
局外超乎菩提上的應是即將覆滅的城牆
外來者的侵併許是為了她吧！
的確　我曾見過的
陰險的神話故事裡的失敗著總是
謀定而後動，使咒罵與宿命的循環如主題部的再現
（城已然陷落

主題即將再現
這個傳說已演了千年之久）

夜月

我決以詩句的風姿去傾慕原始的妳
決以整整的一生婉轉地馳騁
以身子悚然裸裎為一座淒美底雕塑
（是的）
詩人的鐫刻到底是不易腐朽的
句中的靈魂則因我底裸裎化作嘘息
的狂草向妳起誓並且濺起清音
風　那不斷起伏的環狀波紋
姿態裡透顯出我的裸裎
（去吧）
去尋找清澈恬靜的妳
傾洩我滿腹的愛戀與吟哦
慕妳在月的這一端

原來我底身子本是半裸的
始於月光焦慮的眼神把潮水
的另一端點燃
妳只剩一行無言的詩

（原刊載於創世紀詩雜誌一〇五期）

光合作用

小小的一個鑲著花邊
　　早經上釉底彩繪花盆
裡頭　種著一株希望
細細一線
有一天，她說它很重要
並且看著我底那張惶惑的臉
　　　　　　　　　　　　　流淚
淚也是
細細一線

（原刊載於第十期谷風詩報
八十四年十月十七日台時副刊）

船桅的低語

破碎的靈魂
打桅邊雲遊而過

新刷的一只翻了的瓷杯
落在白皙的手上

我要袒露累累
恭敬地啜飲那灑出的淚滴

滾落唇緣，新鮮的果子
有節奏的兩腮，嚐那酸且澀的滋味

闔目嘆息，一次又一次
我感到難受

等待的桅，朝聖般的心情
把我的靈魂啄食乾淨

（原載於四十八期大海洋詩刊）

瞬間

揚起昨夜星子的塵
荒井之靜夜裡
由指尖注入任塵冥思的殞落
來自怔忡的夜已到臨
抖著妳深藍色的鋒芒劃破我的喉
使一道鮮紅隨於線之地平
憎恨夜卻不得不受夜的欺凌
星子痙攣地自盡

（原刊載於八十四年三月三十一日青年日報副刊）

故鄉的眷戀與妳

如果靜靜坐在風中
看這座荒山
遠觀
近覽
浮雲竟淹沒了腳踝
無端的憂橫在山間
為逝去的華年淒然欲泣
仰身而臥
煙嵐漸漸衍生
馳進風中
山間如果煙嵐一縷瀰漫
厚實的落葉焉能漾開

我不信
遠遠地諦聽故鄉的水流聲
聽樹子的呼喚
卻不知是否聽得清妳的脈律
故鄉的呼吸

（原載於八十七期秋水詩刊，此爲修正版）

秋風總是蕭瑟的

葉落隻字片語
當秋意變得木訥
風陡然蕭瑟
如果有階
此刻我將用風的賜與
在生命的扉頁上
題下我的詩
妳可曾發覺
躺在風裡
滿身都是吟誦不完的原野短調
縱使風是蕭瑟的
它也漂浮著屬於古典的羞赧

就這樣
風馳進夕陽
風馳進巍峨
風馳進水聲的岩
總使秋風仍是蕭瑟的
（原載於八十四年七月五日台灣日報副刊）

輯四：曾經失落的星子

序詩：無題

拉弓，射出一株失去年輪的樹
夏季容易凋零
從第一個年頭，腐敗到
第二十三個。之後。
四季開始罷工

長繭的弓，仍是有回憶的
縱使懸在半空
也
不得不發

觀音山紀事·頂禮

雙掌合十向天
金箔座前的觀音
凝然不動
悠悠發散慈悲的光輝
落滿塵沙的背脊
任蓮花開瓣之勢
披一襲無比寬容的蔚藍歲月
掌心托住的是
屹立為美的永恆

（原刊載於八十四年三月三十一日青年日報副刊）

P雪倉岳行遇

P雪倉岳的雪是如此純淨
沒有同行的旅伴
藍的天空漂成主脈
縱走偏向稜線右側
伸出手連手指也會染藍
濃郁的澄藍
赤裸的藍
思念的藍
並不像冬季的天候
白色的小亭車草
黃色的初山深雲仙草
紫色的山鈴鐺、赤桔梗

紅色的唐井戶草
澄黃色的登山背包
稜線高低起伏
一如你瘦削的雙頰斑駁累累

（原載於四十六期大海洋詩刊）

不題十一行

海濤是牛步的走索者
它總是在礁岩之中
緩行
尋找著自己的童年

水的稜線
以環狀漾開
一環、一環、一環都是夢
都是酒窩的影子

海濤的童年是漣漪
海濤的老去

亦是漣漪

（原載於十五期台灣詩學季刊）

天淨沙　雨

山和月在猜拳
決定離去先後的順序
雁的腳印
濕淋淋地掛在天幕邊緣
高大而荒蕪的古樹
拄撐起
滿天高懸的命運
而記憶
卻在尋找纜索

想泊在岸邊

我拾起自己跌碎的影子
放入背袋
悄步離去

蟬聲遇冷凝結的果實
把夜
打得好痛

（原載於八十六年六月十八日台灣日報副刊）

鷺鷥

鷺鷥，順著脊梁之梁脊倏升
即以燦揚箭指之勢，豐富了曲線底美
在尚未滌洗的空中，脊背是鋒利的
縱的繼承

鷺鷥，拔地界標之大纛
脊梁履脫於缺頁底鐸聲裡
抽搐、脫臼、皸裂
鐸聲竟久違了。

二十節的梁脊，廿百年的錯落
與鷺鷥再度錯身的
是罹患了懷鄉症底我

蟻

踱著，下意識地
尋找妳所留下的痕跡
妳的笑語
應不過只是一段惆悵罷了

我揹著時間
揹著誓言
揹著已走了幾季的疲憊
繼續流浪

（原載於九〇期秋水詩刊）

蝶

隨著水湄翩翩地起舞
霧起時，你忙著汲取天籟
作為滋養
天地失卻了迴旋的餘地
瞬間，秋天就轉後了

遠處的雲滑入冥思，想著
該如何地裝扮，以迎接你的來臨

你卻醉了
醉得只能扶著虹的雙鬢
然後，於山寺的梵唄之外
漫衍著兩行氤氳

蜂

你一針見血
決不猶疑
於花兒的苦苦請求
恍若未聞

僅祇一瞬，花兒痛哭失聲
於這場噬心的暴行之後
到底是失血過多了

花兒蒼白無力的臉上
一弦雨音滴落
竟是泛起了漣漪般底早愁

蜻蜓

失速的流星出岫
奔成了一整排候鳥

天空滿是藍
純淨的一抹被揉皺的藍
而深湛的月
卻因為候鳥的耳語
在空中沉沉地睡去

然後，於天頂的額際
月被銜去了四分之一

蛾

你摘下的草葉上，我焚身
決意殉道
恣性於赭赤的火網裡
殞入如此自殘底身影
也許，剎那間，這盞微弱的燈光
可以使楓紅仍紅
黃昏決不轉暗
然後，於一泓清淨之中
現出慕你的最終本像

蟬

該是倦鳥歸巢的時候

你背向著我
靜佇
繭中的情愫陳年了
輪迴數次
你說，你尚無憂愁
我擔心，於下道輪迴之前
我已跡遍中年

至少你也應當告訴我

你是否
知了

（以上五首原題爲《虫部的輪迴五題·飛翔篇》，爲第十四屆全國文學獎新詩組佳作，原載於
二四四期明道文學）

春蠶

午後，一陣滂沱
汲淨天空裡惱人的塵埃

白雲，乘風而來
在清澈的湖面上，與妳
那顧盼自如的容顏
作一怡悅的對答
卻不禁忘卻了它的存在

春陽向一地灑落悠揚
帽緣的音符
隨著頰上的晶瑩潔淨，跳躍

在醉人的綠牆裡
用沁甜的蜜汁
譜下，一曲蠕動的執著

我褪下笨重的冬衣
是否能夠立即飛奔至妳身邊，喃喃細語
像是和著春天的快板般
踏著輕盈的舞步
春蠶，掙扎　　　出
蛹

（原載於八十五期秋水詩刊，此爲修正版）

眉

撥開山間隱約透進的朝陽
區分出一條蜿蜒的小路

夏草氤氳的姿態
於音符底下
如雨中婉轉的輕霧
山般斂聚

大屯山則於五線譜下
不斷跳躍

（原載於九〇期秋水詩刊，此爲修訂版）

記旅次偶遇於廣漠

踏月而歸
眼瞼尚未閉合
火燄之中流溢出數組旋律
是誰？在歌唱

駝鈴，混沌中底指引，重生的呼喚
於夜幕垂簾聽政時
月　慢慢蒸騰、昇華
火燄踱著數度波折的腳步旋舞
隨著火光我們旋舞、歡愉地旋舞
終於，夜自萎頓復活。

夜外曳不止，月亦外溢不止
火燄的戳記烙在每個人的臉上
卻不覺痛，一朵朵笑容綻放
並說著：「別讓月光漏進來，
別讓影子飛出去，好嗎？」

童年夢境中的一次混音合唱
火燄中我們扯著嗓聲
盡情地唱出歡愉，傳遞著深厚的情誼
縱使是初次相見。

踏月而歸
眼瞼尚未閉合
火燄之中流溢出數組旋律
是誰？在歌唱

（原載於二三六期明道文藝）

海的殉職

海是殉職了
天際登臨一抹淡紫的雲
巧思裝扮坑道裡的那些烽火
海是殉職了
汨沒的思維
甚麼樣的動靜
拖曳著無聲且疲憊底步子
永續不歇
你仔細觀望吧
海確實是殉職了
海的顏色到底是令人熟悉的
（染的是烽火的顏色）

也許祇那一瞥
誰又能瞥見海的屍首呢
也許正因為是海
（所以骸骨到底是永續無存吧）

應該又是漲潮的時際了。

（原載於四十七期大海洋雜誌）

走索者的腳步

——贈給所有在學學生的一首短詩

悄無聲息的腳步
踱行於
時間的縱軸上
每一猶豫
臉上的皺折就多了一道

悄無聲息的腳步
緩行於
空間的橫軸上
每一踏下
靈魂總是得到適度的潔淨

走索者的腳步
一步
一步
雖然前方亦是未知
卻仍應走得踏實
(原載於二四〇期明道文藝)

詩十四行
——贈與秋水諸詩友

我思忖著
如何用一盞茶湯汲飲您的詩思
飲者因渴
總想把盞盡與
將一湖濤聲盡用來汲飲
詩者其一
人者其一
宣紙之上的秀句亦其一
誰謂茶苦
其甘如飴
於是我決定放下蘸好的筆墨

翩翩悠游於三尺方寸之地
乾坤宇內盡是
名家山水您的秀句
（原載於八十九期秋水詩刊）

腳步

錯放折起的墨扇
被秋天的山茶徹底洗過
古代的先知落在你筆下後
那束白紙緩緩流出被掏盡的夕暮
隔一封巍然骨骨的筆架
你肆意縱聲大笑
然後款步穿過世紀迴廊
採另一季山茶

前年去年大前年焚燼的錫箔冥紙
沿用了不僅是數千年代
到底是紙張的重量頗輕

並不會隨著大江東去
我頹然推開火盆而起
迴溯江水
眼瞳內充滿了去年山茶的顏色

驀然驚覺
你一人獨坐千里外
乍看之下
我的衣袖款擺
靦腆地問你要了一首詩
良久
你啓口緩吐四字
「顏面喪盡」
那年盆栽裡的那株山茶已長滿苔蘚
（原載於四十六期大海洋詩刊）

弔屈原賦

通過實驗來確立關於未來事態的某種習慣性的主動期待
在固定的環境裡曾聆聽您那撼動人心的悲吟
（何謂解釋性假說的目的——對於自我的複合主體）
清算任何不可證實的神話原型正是權威地位的某種變革
信念屬於真理概念竟也是事物的一種屬性
（那團渾沌何時才能纖塵不染）
你長滿皺摺的臉從身體中把神經區分出來
為了維護假想的單質
所以找出腦中的靈魂去證明了意識作用

時針分針秒針像一把利刃在物理方面互相聯繫
因此世界本身既不是善的亦不屬於惡的

（自我不是對象乃是思維的主體）
所以你果然匆匆地走出朝門
在行為與後果間劃下一條界線
笑著說要清理一些屬於夏季的章甫
以禦即將來臨的冬寒

面臨死亡的恐懼是惡劣人生最好的標誌
死是無限時間綿延的永恆
（主語和賓語對調並不涉及從屬子句的真假）
因你終究將被掩埋在塵埃底下
和其他芸芸眾生一起沈溺醉心於這種謬誤
依然掛念著那古老的理想定會在某處付諸實現

毀滅與消解並不是絕對的最終命運
只是暫時的局部性悲劇而已
（道德秩序偽似實存於你的表象之中——顯然你不知錯在何處）
而你的能動性在歷史變異中終究受到了它的制約

於是汨羅江的廣延性便成為你本能生命與情感生命的調節器
滿足你對存在與存有之間的辯證
（這藉助於隨機取樣的或然率——你倏地加上絕對值）
然後坐在太陽起處的紅色天涯望向南方
死於放逐

（原刊載於中外文學二九六期）